Die total perfekte Sekretärin

Dieter Hanitzsch • Toni Schmid

Die total perfekte Sekretärin

List

Allen perfekten Sekretärinnen, und denen,
die es total werden wollen.

ISBN 3-471-77894-2

Gesamtherstellung: Schauenburg Graphische Betriebe, Schwanau

Die Sache ließ sich glänzend an. Obwohl er eigentlich wegen der Operation noch die ganze Woche krankgeschrieben war, kam Adam am nächsten Morgen besonders pünktlich ins Büro. Dort traute er seinen Augen kaum. Auf seinem Schreibtisch lag ein funkelnagelneuer Filofax. »Mit Gott konferieren« stand da auf dem Tageskalender, zweimal rot unterstrichen. Im übrigen sah sein Arbeitsplatz nunmehr aus wie der Garten Eden: Begonien, Farne, Gummibäume, Orangenbäumchen sowie ein prächtiger Ficus Benjamini schirmten Adam vor den Strahlen der Sonne ab. Auch Frühstück gab es von nun an im Büro. Auf einem hübschen kleinen Teller hatte Eva ein allerliebstes Obst-Stilleben arrangiert: eine Birne, eine Banane, zwei, drei Feigen und ein rotbackiger kleiner Apfel, eine Goldrenette.
Ach, und Eva! »Sagen Sie bitte für heute alle Auswärtstermine ab«, bat Adam, wobei er sich Mühe gab, besonders geschäftsmäßig dreinzublicken. »Jetzt reicht's mir endgültig!« sprach der Herr und nahm sich fest vor, daß ihm so etwas nicht noch einmal passieren würde.
Die Vertreibung aus dem Paradies hatte personalpolitische Auswirkungen auf das Geschäftsleben der folgenden Jahrtausende: Bis fast ins 20. Jahrhundert waren die Sekretärinnen Männer.

WAS KANN ICH JETZT NOCH WERDEN ?

2. »Herrlein, zum Diktat!«

Nofretete

Elisabeth I. von England

In den nächsten Jahrtausenden konnten die Frauen fast alles werden: Pharaonin (Nofretete), Königin (Elisabeth von England), Zarin (Katharina), Kaiserin (Maria Theresia), Doppelagentin (Mata Hari), Ungeheuer (Medusa), sogar Mutter Gottes (Maria) – nur eben eines nicht: Sekretärin. An die Stelle der Büroerotik trat die Bürokratie.
Dafür war jetzt der Verzehr von Äpfeln freigegeben.

Medusa

Maria (Mutter Gottes)

Kaiserin Maria Theresia

Den zusätzlichen Vitaminstoß konnten die männlichen Sekretäre gut gebrauchen. Schreiben war nämlich vor allem anstrengend in jenen Tagen, als die Menschen ihre Botschaften noch in Stein meißelten. Leider verschweigt uns die Bibel, wie lange Moses für die Niederschrift der zehn Gebote brauchte. Vom Schreiber eines babylonischen Königs mit dem bayerisch klingenden Namen Hammurabi (ca. 1792 bis 1750 vor Christus) wird berichtet, daß er bei der Niederschrift seines berühmten Gesetzestextes etwa vier Silben in der Stunde schaffte. Die Folge war, daß sich der behördliche Schriftverkehr im alten Babylon, Sumer und Assyrien in so überschaubaren Grenzen hielt, daß wir noch heute voller Respekt von ihnen als »Hochkulturen« sprechen.

Die Schreiber im alten Ägypten waren die Plackerei schließlich leid und erfanden das Papier. Liest man heute die Namen der alten Pharaonen, so bekommt man außerdem den Eindruck, als ob unter ihren Sekretären die Legasthenie ziemlich verbreitet war: Amenemhep, Djosr, Tutenchamon sollen die Pharaonen z. B. geheißen haben – wenn wir den schriftlichen Zeugnissen ihrer Sekretäre glauben dürfen. Das mag allerdings auch an der Schreibgeschwindigkeit liegen, die mit dem Wechsel von Stein auf Papier plötzlich möglich war. Während Hammurabi vermutlich noch die Hälfte seiner Regierungszeit damit zugebracht hat, seine Gesetzestafel zu diktieren, waren nun erstmals richtige Diktate möglich. Es wird wohl ein Pharao des Mittleren Reiches gewesen sein, der als erster die historischen Worte sprach: »Herrlein, zum Diktat!«

*) Acht Durchschläge!
**) Es verletzt sich der, der kein Auge auf Hammer und Meißel hat und dann weinen muß.

Im alten Ägypten ersetzte die Reinschrift eines Pharaoschreibens mühelos mehrere Übungseinheiten im Body Building Studio. Hier der Schreiber Legasthe mit prächtig ausgebildetem Bizeps und Daumen.

Bei den alten Ägyptern wurden die Herrscher immer wesentlich größer dargestellt als gewöhnliche Menschen. In diesem Fall handelt es sich um Nofretete bei der Arbeit mit ihrem Sekretär. Offenbar ein ganz frühes Beispiel für die berühmten »Chefwitze«!

* Vermutlich ein Liebesbrief

** "Nicht so schnell!"

Kaiser Trajan wirbt auf dem Forum Romanum Sekretäre an: * Wer von Euch kann schreiben? ** Ich! Ich! * Ich auch!**

Von nun an explodierte die Zahl der schriftlichen Zeugnisse: Gesetze, Kriegserklärungen, Friedensschlüsse, Steuerabrechnungen – kurz: Behördenschreiben jeder Art erreichten nun selbst die entlegensten Winkel Kleinasiens. Parallel dazu ging es kulturell bergab mit Ägypten.

Das Zentrum der Zivilisation verlagerte sich nach Griechenland und Rom, wo man mit dem Schreiben noch nicht so weit war. Griechen und Römer bzw. deren Sekretäre schrieben bekanntlich nur so viel, wie sie mußten, um unsere heutigen Gymnasiasten neun Jahre ausreichend zu beschäftigen. Zu wenig also; um eine moderne Sekretärin auch nur vier Wochen auszulasten. Trotzdem mußten sich die Römer schließlich den Germanen geschlagen geben: die konnten

Germane (links) mit primitivem Schreibgerät.
So wurde die altgermanische Lochschrift geschrieben
(Hollerith-Zeit, ca. 210 n. Chr.).

nämlich überhaupt nicht lesen, geschweige denn schreiben. Und weil das auch das ganze Mittelalter hindurch weitgehend so blieb, rekrutierten sich die Sekretäre in dieser Zeit aus den Reihen jener Herren, die als einzige über einschlägige Fachkenntnisse verfügten: der Geistlichkeit.

Jakob Fugger und sein Hauptbuchhalter nach der Erfindung der doppelten Buchführung.

Die Neuzeit begann mit einem doppelten Paukenschlag: Columbus entdeckte Amerika, und die Familien Medici und Fugger erfanden die doppelte Buchführung. Der berühmteste der männlichen Sekretäre hatte allerdings mit beidem nichts im Sinn: Johann Peter Eckermann (1792–1854), die Perle im Büro unseres Dichterfürsten Johann Wolfgang von Goethe. Eckermann brachte zwei Eigenschaften mit, die auch in unseren heutigen Büros noch geschätzt werden: Er war Nichtraucher (Goethe haßte Tabakqualm), und er bewunderte seinen Chef einfach grenzenlos. Zusammenfassend kann man feststellen, daß der Beitrag der männlichen Sekretäre zur Entwicklung des modernen Bürowesens enttäuschend gering ausfällt – bedenkt man, daß sie a) schließlich Jahrtausende Zeit und b) keine Fingernägel zu pflegen hatten.

Das berühmte Goethe-Denkmal in Weimar zeigt nicht – wie bisher angenommen – den Dichterkollegen Schiller an Goethes Seite, sondern dessen Sekretär Eckermann! Ein seltenes Beispiel für die Wertschätzung des Chefs für seinen Mitarbeiter.

CSU-Generalsekretär Erwin Huber

Kleiner Nachtrag:
Natürlich gibt es auch in unserem Jahrhundert noch männliche Sekretäre. Als zum Beispiel die Kommunisten in Rußland den Zaren um die Ecke gebracht hatten, ersetzten sie ihn durch den ZK-Sekretär ihrer Partei. Auch in Bonn und in den Bundesländern gibt es noch immer zahlreiche Staatssekretäre, von denen aber kaum jemand weiß, daß es sie gibt, respektive, was sie so den ganzen Tag tun. Wesentlich besser bekannt sind die Generalsekretäre unserer Parteien. Der »General« im Titel soll wahrscheinlich andeuten, daß diese Sekretäre besonders kriegstauglich sind. Schließlich war in letzter Zeit öfter von einem »IM Sekretär« die Rede, aber der will keiner gewesen sein.

3. Rückkehr ins Paradies

Wir schreiben das Jahr 1865. Philo Remington (1816–1889), Sohn des berühmten Eliphalet Remington (1793–1861) und nicht zu verwechseln mit dem Maler Frederic Sackrider Remington (1861–1909), schreibt rote Zahlen. Mit dem Ende des amerikanischen Bürgerkriegs ist die Nachfrage nach Gewehren der Marke Remington katastrophal zurückgegangen. Die Umstellung auf andere Produkte – Landmaschinen, Nähmaschinen – ist nicht geglückt. Philo Remington ist so gut wie pleite. Erschwerend hinzu kommt das ununterbrochene Geklimper seiner Tochter Scarlett im Wohnzimmer. Mangels einer sinnvollen Beschäftigung spielt Scarlett – wie alle anderen Töchter aus gutem Hause in jener Zeit – den ganzen Tag Klavier, was das bürgerkriegsgeschüttelte Amerika in eine tiefe Depression stürzt.

Da hat Philo Remington eine Idee. Wenn er schon nichts tun kann, um das Gewehrgeschäft wieder anzukurbeln, so ist er doch noch immer Manns genug, um dem Gedudel in seinem Wohnzimmer ein Ende zu bereiten! Zu diesem Zweck ersetzt Philo die Stahlsaiten im Innern des Klaviers durch eine Papierrolle – und schon hat er das stumme Klavier erfunden. Die nervenschonende Neuentwicklung von Papa Remington stößt zunächst auf Unverständnis. »Daddy, was soll ich mit einem Klavier anfangen, das stumm ist?« protestiert Scarlett, als sie gerade einmal nicht von Clark Gable träumt. »Du kannst die Noten damit schreiben, und ich muß sie nicht hören. Schau mal, Beethovens Neunte: g-g-g-ES!« Wütend setzt sich Scarlett an ihr verstummtes Klavier, um dem Vater musikalisch die Meinung zu sagen:

»c d e f g a h c !
def gach! esah cfg cec? fis his facc!«

Die auf eine Oktave beschränkte Mitteilungsmöglichkeit seiner Tochter bringt Philo auf eine neue Idee. Statt auf die Hämmer des Klaviers nur die ewig gleichen Buchstaben der Tonleiter zu setzen, könnte man ja das ganze Alphabet auf diesen Hämmern unterbringen! Das hätte den Vorteil, daß die brieflichen Äußerungen seiner Tochter um einiges verständlicher würden. Was Philo Remington in diesem Moment noch nicht ahnt: Er hat gerade die Schreibmaschine erfunden.

Philo Remington und seine Tochter Scarlett vor der ersten Klavierschreibmaschine.

Die erste Original-Remington-Schreibmaschine, der man ihre Entstehungsgeschichte kaum mehr ansieht.

Die Kunde von Remingtons stummem Klavier verbreitet sich wie ein Lauffeuer durch Amerikas klaviergeplagte Haushalte. Hunderttausende entnervter Väter beschwören Philo, ihnen doch auch so ein Ding ins Wohnzimmer zu stellen. In der Folge produziert Philos Fabrik viele Hunderttausende seiner stummen Klaviere, Amerikas Töchter wiederum produzieren Millionen von Briefen. Diesem geballten Schreibpotential haben die männlichen Sekretäre nichts entgegenzusetzen. Klavierspielen haben sie schließlich nie gelernt. Innerhalb weniger Jahre erobern die Damen sämtliche Büros der westlichen Hemisphäre und stellen damit jenen Zustand wieder her, wie er vor der Vertreibung aus dem Paradies geherrscht hatte. Emanzipierte Frauen bejubeln seither die Befreiung der Frau. Kunstliebhaber bejubeln die Befreiung der Musik.

Die nunmehr arbeitslos gewordenen männlichen Sekretäre schulen in der Folge um und werden Barpianisten. Auf die darf bekanntlich geschossen werden: Auch wieder gut für Philo Remingtons Geschäft!

4. Zoologie eines Berufs

Sekretär (mlat. secretarius ›[Geheim]schreiber‹), 1) Dienstbez. eines Beamten des mittleren Dienstes. – Davon zu unterscheiden sind S. und Sekretärin als qualifizierte Angestellte, häufig organisator. Mitarbeiter (Assistenten) leitender Persönlichkeiten. Sie erledigen alle vorkommenden Büro- und Verwaltungsarbeiten.
2) Schreibschrank, Schreibtisch.
3) → Secretary.
Sekretär (Sagittarius serpentarius) hochbeinige Art der Greifvögel in Steppen südlich der Sahara. Der S. ist grau, hat schwarze Schwingen und Unterschenkel sowie ein Büschel verlängerter Nackenfedern. Er erbeutet u. a. auch Giftschlangen.

dtv-Brockhaus-Lexikon

Einmal abgesehen davon, daß das Lexikon offenbar noch immer vom männlichen Sekretär ausgeht (den wir bereits am Ende von Kapitel 2 ein für allemal aus dem Verkehr gezogen haben), läßt es eine Reihe von Fragen offen, wie zum Beispiel:

Hat auch ein weiblicher Sekretär (Sagittaria serpentaria) schwarze Unterschenkel? Nachfragen, die freilich nur stichprobenartig erfolgen konnten und deshalb nicht repräsentativ sind, wurden mehrheitlich mit einem klaren »Nein« beantwortet.

Die total perfekte Sekretärin behält in jeder Situation Haltung und Überblick und bildet damit die ideale Ergänzung für den dynamischen Jungunternehmer von heute.

Wenn Sekretärinnen »alle vorkommenden Büro- und Verwaltungsarbeiten erledigen«, welche Arbeiten erledigen dann die »leitenden Persönlichkeiten«?

Weil Sekretärinnen alle vorkommenden Arbeiten erledigen, bleiben für die leitenden Persönlichkeiten natürlich nur die nicht vorkommenden Arbeiten übrig.

Die total perfekte Sekretärin kommt selbstverständlich nie zu spät!

Wo kommen eigentlich die Sekretärinnen her? Selbstverständlich aus gutem Hause. Der Pressedokumentation des Deutschen Bundestags zufolge stammen 83,76 Prozent unserer Sekretärinnen aus Gegenden wie Niederbayern, der Rhön, dem Hunsrück, der Steinpfalz, dem Sauerland, dem Saarland und dem schwäbischen Oberland. Gegenden also, in denen die Luxusverwahrlosung noch weitaus seltener anzutreffen ist als in anderen Teilen unserer Republik.

Was sind die wichtigsten Eigenschaften einer total perfekten Sekretärin? 97 Prozent der bundesdeutschen Bevölkerung beantworteten diese Frage mit »Treue« und »Hingabebereitschaft«. Diese Antworten entsprechen exakt einer Umfrage der Wickert-Institute unter deutschen Männern, welche Eigenschaften sie von ihren Ehefrauen erwarten. Die Parallele ist allerdings insofern falsch, als Sekretärinnen im Hinblick auf ihre Chefs bei Männerbekanntschaften weit weniger wählerisch sein können als Ehefrauen.

Eine enge Zusammenarbeit zwischen Sekretärin und Ehefrau sorgt dafür, daß sich der Chef auch im Büro wie zu Hause fühlt.

Wie ernährt sich die total perfekte Sekretärin? Nahrungsmäßig verhält sich eine Sekretärin so rätselhaft wie die berühmte Sphinx. Im Büro wie überhaupt in Gegenwart anderer Menschen ernährt sie sich ausschließlich von Rohkost, Magerquark, Salaten etc. Gleichzeitig nutzt sie jede freie Minute, um sämtliche verfügbaren Zeitschriften nach Kochrezepten auszuwerten. Was sie mit dieser riesigen Rezeptsammlung jemals anfangen will, ist unklar. Irgendwie erinnert sie mit diesem Hobby an einen Lebenslänglichen, der zeitlebens Reiseprospekte sammelt.

Die stürmische Entwicklung der modernen Bürotechnik hat manche Chefs deutlich überfordert. Die total perfekte Sekretärin verknüpft souverän die unterschiedlichsten Kommunikationssysteme.

Was ist eigentlich dran an den vielen Sekretärinnen-Witzen? Bei Sekretärinnen-Witzen geht es in der Regel darum, daß sich besonders üppig ausgestattete junge Damen mangels anderer Fertigkeiten immer auf den Schoß ihrer Chefs setzen, die ihrerseits nur darauf aus sind, ihnen ins Hinterteil zu kneifen.

In der Praxis findet sich dieser Fall etwa so häufig wie die graue Sekretärin mit schwarzen Unterschenkeln, die im Büro u.a. auch Giftschlangen erbeutet.

PLATZ!

5. Wie erziehe ich meinen Chef?

Jede Sekretärin, die eine neue Stelle antritt, weiß, daß sie wieder einmal bei Null anfangen muß. Nicht, was ihre eigenen Fähigkeiten und Fertigkeiten angeht (die hat die total perfekte Sekretärin in den Genen), sondern die ihres neuen Chefs. Der neigt für gewöhnlich dazu, mit dem Wechsel in seinem Vorzimmer alles zu vergessen, was ihm die Vorgängerin beigebracht hat. Ein typisches Beispiel: Der reibungslose Ablauf im Büro steht und fällt damit, daß die total perfekte Sekretärin zu jedem Zeitpunkt darüber informiert ist, wo sich ihr Chef befindet. Nichts ist peinlicher, als wenn sie einem Anrufer oder Besucher gestehen muß, daß sie nicht weiß, wo er sich gerade aufhält. Deshalb ist es unbedingt notwendig, daß sich der Chef auch bei kurzzeitigem Verlassen seines Büros korrekt abmeldet. Zum Einüben dieses Verhaltens eignet sich folgender kleiner Dialog, der bei Bedarf so lange wiederholt werden sollte, bis ihn der Chef auswendig kann:

(Chef schleicht sich unauffällig pfeifend am Schreibtisch seiner Sekretärin vorbei.)
»Cheeeef (dabei wechselt die Tonlage von ganz hoch in eine mittlere), wo gehen'S denn hin?«
»Ähhhh...ähhhh...ich muß mal...»
»Danke!«

Auch bei etwa kleiner gewachsenen Chefs muß die total perfekte Sekretärin immer wissen, wo er sich gerade aufhält. In diesem Fall empfiehlt sich eine Schreibtischplatte aus Acryl!

Merke: Die total perfekte Sekretärin ist immer und überall voll im Bilde.

Chefs sind von Natur aus eher lebensuntüchtige, hilflose Wesen und deshalb meistens männlichen Geschlechts. Der Gebrauch eines PC etwa stellt für nicht wenige eine Herausforderung dar, der sie weder manuell noch intellektuell gewachsen sind. Anders scheint es sich mit der Bedienung einer Kaffeemaschine zu verhalten. Hartnäkkigen Sekretärinnen gelingt es bisweilen durchaus, ihre Chefs an diesem Gerät anzulernen. Das ist vor allem deshalb praktisch,

weil manche Chefs gerne besonders früh ins Büro kommen, in der irrigen Annahme, sie würden dadurch als Vorbilder wirken und könnten außerdem bereits die Arbeit für ihre Mitarbeiter vorbereiten. Statt nun irgendeinen Unsinn anzustellen, den die Sekretärin dann doch wieder bereinigen muß, kann der Chef die Zeit bis zum Eintreffen seiner Sekretärin sicher genausogut sinnvoll ausfüllen – etwa, indem er schon mal den Kaffee zubereitet. In einer Umfrage unter Deutschlands Chefsekretärinnen haben wir die häufigsten Fehler erfragt, die ihre Chefs beim Bedienen der Kaffeemaschine machen, und zu deren Vermeidung drei einfache Regeln zusammengestellt. Zum Ausschneiden für den Chef und an die Kaffeemaschine kleben:

1. Zuerst den Filter, dann erst den Kaffee in die Maschine geben! Spätere Reklamationen, der Kaffee sei »schlecht löslich«, haben meist damit zu tun, daß diese Reihenfolge nicht eingehalten wurde.
2. Wasser nur in den dafür vorgesehenen Behälter schütten! Wer das Wasser direkt in den Filter schüttet, bekommt nicht nur Probleme mit den Aromaporen, sondern auch mit seiner Sekretärin.
3. Für ein optimales Ergebnis: Einschalten nicht vergessen!

Die total perfekte Sekretärin führt den Chef zu seinem Schutz an der ganz kurzen Leine (A) und beläßt ihm die Illusion, alle Fäden in der Hand zu halten (B).

Diese Regeln gelten im wesentlichen für alle gängigen Modelle!

Einer gedeihlichen Zusammenarbeit stehen jetzt nur noch zwei schlechte Angewohnheiten entgegen, die jede total perfekte Sekretärin ihrem Chef umgehend abgewöhnen muß:

Nichts haßt jede Sekretärin mehr, als bei der Arbeit gestört zu werden, nur weil der Chef jetzt sofort und umgehend ein paar Zahlen braucht, mit jemandem verbunden werden will oder irgendwelche Unterlagen nicht findet. Diese Unart läßt sich leicht dadurch abstellen, daß man seinen Chef seinerseits ordentlich auf Trab hält. Zum Beispiel, indem man ihm ausgerechnet dann seine Gattin durchstellt, wenn er gerade ein wichtiges Meeting mit der neuen Kollegin hat (»Aber Ihre Frau hat gesagt, es wäre ganz dringend!«), indem man durch entsprechende Terminplanung dafür sorgt, daß der Chef nicht zum Stubenhocker wird oder ihn auch einmal – wahlweise – zwei Stunden zu früh zum Flughafen oder 10 Minuten zu spät zum Bahnhof schickt (»Da müssen sich die vom Reisebüro geirrt haben«). Der Phantasie sind hier keine Grenzen gesetzt.

Ein ähnliches Vorgehen empfiehlt sich, um eine weitere Unart mancher Chefs abzustellen: Jedermann sonst weiß, daß die wichtigste Form der Weiterbildung einer Sekretärin im persönlichen oder telefonischen Fachgespräch mit befreundeten Kolleginnen besteht. Dieser ungemein wichtige Erfahrungs- und Meinungsaustausch kann zeitlich durchaus den Umfang eines Fachkongresses annehmen, schließt er doch unter anderem den Austausch der gesammelten Kochrezepte, die abendliche Termingestaltung, Garderobefragen sowie die sorgfältige Urlaubsplanung mit ein. Chefs, die solche Expertengespräche irrtümlich für Klatsch halten und deshalb störend eingreifen, riskieren ihre Gesundheit. Es gibt viele Sekretärinnen, die zur Strafe ganze Vormittage bei der Arbeit die Musik von Radio Flotte Welle mitsingen – ein massiver Vergeltungsschlag, dem erfahrungsgemäß kaum ein Nervenkostüm standhält.

MÖGEN SIE DIE „WILDECKER HERZBUBEN" DENN NICHT, HERR MINISTERIALRAT?

KÖNNT' ICH EINEN TERMIN BEI MIR HABEN, FRAU ASCHENBRENNER?

6. An ihr kommt keiner vorbei

Zu den wichtigsten Aufgaben einer Sekretärin gehört es zu entscheiden, mit wem der Chef sprechen darf und mit wem nicht. Ohne Sekretärin müßte er einfach mit jedem Hinz und Kunz seine Zeit verplempern, der zufällig vorbeikommt oder anruft. Um dies zu verhindern, trennt die total perfekte Sekretärin vorab die Spreu vom Weizen.

Als leuchtendes Beispiel für diese Tätigkeit ist die Sekretärin des Bundesfinanzministers in die Annalen eingegangen. Längst weiß in Bonn jeder Journalist, Lobbyist oder Prokurist: Um einen Termin bei Bundesfinanzminister Waigel zu bekommen, besorgt man sich am besten Waigels Durchwahl und bittet den Minister, für ihn ein gutes Wort bei seiner Sekretärin, Frau Aschenbrenner, einzulegen. Dies könnte die Chancen auf einen Gesprächstermin mit dem Bundesfinanzminister deutlich verbessern – ohne freilich mit Sicherheit zum Erfolg zu führen. Wie erkennt nun der Anrufer, ob er zur Spreu gezählt wurde oder zum Weizen? Als Faustregel gilt in diesem Fall: Wenn die Sekretärin auch noch beim 10. Anruf behauptet, ihr Chef telefoniere gerade auf der anderen Leitung, dann sollte man ein 11. Mal besser bleiben lassen. Die Waage der Fortuna hat sich auf seiten der Spreu gesenkt. Nun gilt es, sich erst einmal in der Wertschätzung der Sekretärin hochzudienen. Dies geschieht mittels der sogenannten Ochsentour: kleine, charmante Anrufe (»Ich wollte mich nur nach Ihrem werten Befinden erkundigen«), dann und wann ein paar Blumengrüße, hie und da eine mittlere Bonbonniere, Zollfreies aus dem Urlaub. Die Frage, ab wann man so etwas Intimes wie Parfüm vorbeibringen darf, ist leicht zu beantworten: ab etwa 100 Mark. Einladungen zum Essen oder ins Theater sollten nur wirklich passabel aussehende Herren aussprechen, mit denen sich eine Sekretärin auch in der Öffentlichkeit sehen lassen kann. Es muß dem Feingefühl jedes einzelnen überlassen bleiben, wann er den Zeitpunkt für gekommen hält, einer Sekretärin die entscheidende Frage zu stellen: die nach einem Termin bei ihrem Chef. Weil die total perfekte Sekretärin natürlich absolut unbestechlich ist, wird sie möglicherweise trotz aller Bemühungen ablehnen. Dies wäre dann der richtige Moment, um sich nach einer anderen Geschäftsverbindung umzusehen. Vielleicht findet man ja dort Gnade in den Augen der Sekretärin!

Ganz anders verhält sich die Sache, wenn der um einen Termin Nachsuchende – vulgo »Bittsteller« – selbst eine Sekretärin hat. In diesem Fall herrscht Waffengleichheit. Um einen Gesprächstermin zu vereinbaren, ruft die Sekretärin die Kollegin des gewünschten Gesprächspartners an. Die beiden Damen erledigen nun alle nötigen diplomatischen Vorgeplänkel bis hin zu der prestigehaltigen Frage, wer wen zuerst durchstellt. Bei positivem Ausgang der Verhandlungen kommt das gewünschte Gespräch zustande. Ist das Ergebnis negativ, so muß eine weitere Verhandlungsrunde der beiden Parlamentärinnen vorgeschaltet werden, bis es zu einer Einigung kommt. Für unbeteiligte Zuhörer klingen solche Vorgespräche wie die Waffenstillstandsverhandlungen zweier Fregatten auf hoher See, zu denen es nur eine Alternative gibt:

Eine von beiden wird versenkt.

NEIN, DER HERR DIREKTOR HAT EINE BESPRECHUNG!
Direktor

MEINE SEKRETÄRIN VERSTEHT MICH NICHT!

7. Chefs und andere Berufskrankheiten

Ein Chef ist das einzige männliche Wesen, das sein Leben mit zwei Frauen verbringen darf/muß, ohne als Bigamist verurteilt zu werden. Frau Nr. 1 ist seine Gattin, der er maximal eine halbe Stunde beim Frühstück und – wenn's hoch kommt – etwa vier Stunden zwischen Feierabend und Zubettgehen widmet. Diese vier Stunden muß ihn die Gattin auch noch teilen mit den Kindern, dem Fernsehgerät, den Geschäftsfreunden und Skatbrüdern. Frau Nr. 2 ist seine Sekretärin, mit der er täglich mindestens acht Stunden zusammensitzt. Entsprechend stabiler ist diese Verbindung in der Regel. Genau genommen – und dafür liefern wir auf Wunsch gerne die passende Statistik nach – ist von allen denkbaren Verbindungen zwischen Mann und Frau jene zwischen Chef und Sekretärin die einzige, die auf Dauer angelegt ist. Gerade in dieser Tatsache sind allerdings auch die Ursachen für die typischen Berufskrankheiten zu suchen, vor denen sich die total perfekte Sekretärin in acht nehmen muß. Am häufigsten tritt die gefürchtete Sehnenscheidenentzündung auf. Früher machte man dafür das Stenografieren und Schreiben an mechanischen Schreibmaschinen verantwortlich. Beides spielt heutzutage kaum eine Rolle mehr. Sehnenscheidenentzündungen trifft man heute in der Regel bei Sekretärinnen an, die ihren Chefs ständig vor wichtigen Geschäftsbesprechungen fehlende Knöpfe wieder annähen müssen. Um dies künftig zu vermeiden, setzt sich die total perfekte Sekretärin mit der Gattin des Chefs in Verbindung. Da auch Frau Nr. 1 kaum Lust auf eine chronische Sehnenscheidenentzündung verspüren wird, besteht die beste Lösung darin, die Garderobe des Chefs entsprechend umzustellen. Zum Beispiel von Knopf- auf Reißverschluß. Modisch etwas mutigere Herren sollten zur Abwechslung ruhig zu dezent gestreiften Overalls greifen.

KLEIDET SIE ABER AUSGESPROCHEN GUT, HERR SCHMID!

MEINE SEKRETÄRIN DARF RUHIG ZU MIR AUFSCHAUEN!
Chef
Terminator

Eine weitere typische Berufskrankheit ist der sogenannte Sekretärinnen-Buckel, der auch bei Ehegattinnen häufig anzutreffen ist. Er bildet sich im Laufe der Jahre dann, wenn der Chef wesentlich kleiner gewachsen ist als seine Sekretärin. Um einen Sekretärinnen-Buckel zu vermeiden und den Größenunterschied auszugleichen, verzichtet die total perfekte Sekretärin im Büro auf hochhakkige Schuhe. Reicht dies noch nicht aus, dann sollte der Chef solche tragen. Im Extremfall empfiehlt sich eventuell der Einbau eines Podests oder aber eines Laufstegs in der Chefetage.

Am meisten fürchten Sekretärinnen allerdings ein Phänomen, das ebenfalls von Ehegatten bekannt ist: Mann und Frau werden sich während langer gemeinsamer Jahre physiognomisch immer ähnlicher. Da, wie wir gesehen haben, eine Sekretärin ungleich mehr Zeit mit ihrem Chef verbringt als dessen Gattin, ist sie in dieser Hinsicht auch stärker gefährdet. Abhilfe kann hier nur der Schönheitschirurg schaffen. Um seiner Sekretärin das Schlimmste zu ersparen, sollte ihn der Chef regelmäßig aufsuchen.

Edmund Stoiber (l.) und seine Sekretärin (heute).

WER ZU SPÄT KOMMT, DEN BESTRAFT DAS LEBEN !
Egon Krenz
Erich Honecker
Vorsitzender des Staatsrats

8. An den Keyboards der Macht

Wissen ist bekanntlich Macht. Spätestens seit der Einführung der elektronischen Datenverarbeitung ist jedermann klar, wer in unseren Büros wirklich das Sagen hat. In ihrem Personal Computer verwaltet die total perfekte Sekretärin das gesammelte Wissen des Betriebs, und das ist allemal mehr als das des Chefs. Bei entsprechend sorgfältiger Codierung hat der Chef nicht einmal mehr Zugriff auf die eigene Gehaltsabrechnung. Die total perfekte Sekretärin ist damit nicht nur das entscheidende Nadelöhr für alle, die mit dem Chef sprechen wollen. Jede Information muß ebenso hier durch, weshalb kluge Chefs schon seit längerem dazu übergegangen sind, ihre Sekretärin vor jeder wichtigen Entscheidung um Rat zu fragen. Sollte Ihr Chef, verehrte Leserin, noch immer glauben, auf diesen Rat verzichten zu können, dann ist es an der Zeit, ihm ein paar warnende Beispiele vor Augen zuführen:

Zum Beispiel die Einführung der S-Klasse von Mercedes. Wir erinnern uns: Die Führungsetage bei Daimler-Benz war vor ein paar Jahren auch der Meinung gewesen, diese Entscheidung ohne ihre leitenden Sekretärinnen treffen zu können. Den Rest kennen wir. Noch dramatischer verliefen die Ereignisse um den Sturz des damaligen DDR-Staatsratsvorsitzenden Erich Honecker im Herbst 1989: Nach den anstrengenden Feierlichkeiten zum 40. Geburtstag der DDR war Honeckers Sekretärin – nennen wir sie Else Wiebke – hoch dekoriert in den verdienten Urlaub im »Haus der sozialistischen Erholung« in Wernigerode gefahren. Ihre Abwesenheit nutzten Krenz und Konsorten, um dem Chef den Stuhl vor die Tür zu stellen. Als Else Wiebke wieder an ihren Arbeitsplatz zurückkehrte, konferierte nebenan Egon Krenz gerade mit Michail Gorbatschow.

Und was sagte Gorbatschow, als er die am Boden zerstörte Sekretärin Honeckers sah? Er sprach die historischen Worte: »Wer zu spät kommt, den bestraft das Leben.« Else Wiebke räumte ihren Schreibtisch, ihrer Nachfolgerin blieb keine Zeit mehr, sich einzuarbeiten. Das Ende der DDR war damit besiegelt.

Anfragen von geringerer Bedeutung erledigt die total perfekte Sekretärin selbst, ohne erst ihren Chef damit zu belästigen.

Umgekehrt verhält sich die Sache bei Helmut Kohl. Er ist jetzt schon mehr als ein Jahrzehnt Kanzler der Bundesrepublik Deutschland unter seiner Sekretärin Juliane Weber. Das einzige, was Frau Weber in dieser langen Zeit nicht in den Griff bekam, waren die Gewichtsprobleme ihres Chefs. Kohl geht übrigens nur in Absprache mit Frau Weber in den Sommerurlaub und konnte deshalb trotz des alljährlichen Sommertheaters in Bonn bis heute nicht gestürzt werden. Vor diesem Hintergrund ist auch leicht zu erklären, warum gewerkschaftseigene Unternehmen wie die Neue Heimat oder Coop bankrottgehen mußten. Da sie für die Gewerkschaft arbeiteten, mußten die Sekretärinnen der Herren Vietor und Otto natürlich die 35-Stunden-Woche genau einhalten. Derart allein gelassen konnten ihre Chefs gar nicht anders, als auf dumme Gedanken kommen.

Es ist zwar unwahrscheinlich, aber immerhin: Sollten diese warnenden Beispiele nicht den gewünschten Lernerfolg zeitigen, dann könnte die total perfekte Sekretärin gezwungen sein, sich von ihrem Chef trennen zu müssen. Die Möglichkeiten dazu sind beinahe unbegrenzt und ganz auf den jeweiligen Frauentyp abzustellen.
Der einfachste und schnellste Weg besteht darin, dem Chef in die Unterlagen für die Abteilungsleiterbesprechung jene Daten beizulegen, die er sonst nie vorträgt: die tatsächlichen. Hätte zum Beispiel der Entwicklungschef von Daimler-Benz in der entscheidenden Sitzung vor Einführung der S-Klasse mitgeteilt, daß das künftige Flaggschiff des Hauses bereits bei vier Insassen über dem zulässigen Gesamtgewicht liegt, dann hätte seine Sekretärin nur noch das Ende dieser Sitzung abwarten müssen. Ähnlich effektvoll, wenn auch mit zeitlicher Verzögerung wirkt die Weitergabe der originalen Spesenbelege, die bei der Abrechnung sonst immer als »Arbeitsessen« geltend gemacht werden. Für Freundinnen der italienischen Opernintrige empfiehlt sich eine Anzeige beim Betriebsrat wegen »sexueller Belästigung« am Arbeitsplatz nebst dezentem Hinweis an die Boulevardpresse.
Am beeindruckendsten wäre allerdings die ökologische Lösung, für die lediglich eine kleine Umtopfaktion nötig ist. Die total perfekte Sekretärin ersetzt dabei Gummibaum und Ficus Benjamini durch sogenannte Carnivoren, also fleischfressende Pflanzen. Das besonders umweltfreundliche Prinzip dieser Lösung besteht darin, daß die Enzyme der Pflanze das Eiweiß des Chefs zu löslichen Aminosäuren abbauen, wodurch der Chef die Umwelt weniger belastet als zum Beispiel viele gängige Waschmittel. Bei diesen Pflanzen (zum Beispiel Sonnentau oder Fettkraut) unterscheiden wir solche, die nach dem Leimrutenprinzip vorgehen, von anderen, die das Klappfallenprinzip bevorzugen. Interessant sind daneben auch die sogenannte Schluckfalle sowie das Schlingenprinzip. Näheres erfährt die total perfekte Sekretärin aus der Fachliteratur oder durch Konsultation ihrer Kolleginnen.

Wie entsorgt man seinen Chef?
Die total perfekte Sekretärin
entscheidet sich natürlich
für die umweltfreundliche Lösung:

»Müll vermeiden« lautet heutzutage auch im Büro das Gebot der Stunde!

EIN EINZIGES MAL HAB ICH NICHT AUF MEINE SEKRETÄRIN GEHÖRT!

9. Wie sollte die total perfekte Sekretärin aussehen?

Wie sieht die total perfekte Sekretärin aus?
SO?
ODER SO?
ODER SO?
ODER SO?

Jedenfalls sollte sie nicht zu schön sein,

aber auch nicht zu häßlich ...

...nicht zu dünn...
...und nicht zu dick...

NOCH NIX VON GRUNGE-LOOK GEHÖRT, CHEF?
...nicht zu modisch,
aber auch nicht zu altbacken.

Sie sollte ganz einfach so aussehen wie **Sie**!
(Foto einkleben.)